Pièce
4° F
1047

PROJET D'IMPOT

SUR LE

REVENU DES CRÉANCES HYPOTHÉCAIRES

———

A. VAISSIÉ

ANCIEN CONSERVATEUR DES HYPOTHÈQUES

CAHORS

IMPRIMERIE F. DELPÉRIER

—

1900

BIBLIOTHÈQUE NATIONALE
R. F.
IMPRIMÉS

PROJET D'IMPOT

SUR LE

REVENU DES CRÉANCES HYPOTHÉCAIRES

Pièce
4° F
1047

PROJET D'IMPOT

SUR LE

REVENU DES CRÉANCES HYPOTHÉCAIRES

BIBLIOTHÈQUE NATIONALE R F IMPRIMÉS

A. VAISSIÉ

ANCIEN CONSERVATEUR DES HYPOTHÈQUES

CAHORS

IMPRIMERIE F. DELPÉRIER

1900

PROJET D'IMPOT

SUR

LE REVENU DES CRÉANCES HYPOTHÉCAIRES

A AFFECTER, POUR LA TOTALITÉ

AU DÉGRÈVEMENT DE LA PROPRIÉTÉ RURALE

Cahors, le 21 août 1900.

Monsieur le Président,

Messieurs les Députés,

TAXE, à 4 o/o sur le revenu des créances hypothécaires, à la charge exclusive du créancier,

ou

SALAIRE dû à l'ÉTAT par le créancier pour la conservation de son hypothèque.

Il est, depuis longtemps, question d'une taxe annuelle sur le revenu des créances hypothécaires. La loi du 28 juin 1872, promulguée le 28 juillet de la même année, l'avait même instituée en ces termes :

« A partir du 1er janvier 1873, il sera prélevé une **contribution** « de 2 fr. o/o sur le revenu des créances hypothécaires — et renonçant à recourir à la déclaration des contribuables elle ajoutait :

« Le recouvrement de la taxe, fixée par la présente loi, aura lieu « comme en matière **de Contribution directe.** »

Il fallait donc pour cet impôt, comme pour celui qui grève la propriété foncière, une sorte de rôle ; mais ce rôle, si facile à former lorsqu'il s'agit d'immeubles, comment l'établir pour les créances hypothécaires ?

Cela ne paraît pas possible. La matière imposable est, dans l'espèce, trop mobile : certains débiteurs se libèrent, d'autres contractent de nouveaux emprunts, en sorte que, contrairement au rôle de la contribution foncière, le rôle de cet impôt devrait être tous les jours réformé. Les créances hypothécaires subissent, en effet, je le répète, toutes sortes de transformations : elles diminuent, disparaissent même en entier, s'accroissent au contraire quelquefois, tandis que la propriété foncière reste immuablement la même, n'éprouvant de changement, de modifications possibles, — sauf quelques cas, heureusement fort rares, — que dans les noms des personnes qui la détiennent.

C'est pourquoi ce nouvel impôt, en réalité si équitable, dut être abandonné, — et la loi qui l'avait institué fut simplement rapportée par une loi, postérieure de quelques mois seulement, la loi du 20 décembre 1872.

Il y aurait, je pense, cependant, Messieurs les Députés, un moyen facile d'atteindre (d'une manière indirecte, il est vrai), mais d'atteindre sûrement ces valeurs — et cela sans investigation d'aucune sorte, sans mesures vexatoires, sans aucun contrôle, sans qu'il soit besoin de recourir à la déclaration des débiteurs de la taxe — et j'ajoute (chose fort appréciable), sans aucun frais de poursuites contre les débiteurs récalcitrants ou insolvables.

Il suffirait simplement de confier aux Conservateurs des hypothèques, au moment de l'inscription de chaque créance, inscription qui ne se renouvelle que tous les dix ans, le soin de liquider et de recouvrer cette taxe décennale, tout en laissant aux contribuables qui en feraient la demande, la faculté d'en fractionner le paiement.

Il va sans dire que cette taxe serait, **de droit et en entier**, à la charge du créancier. Toute convention contraire, toute infraction à cette règle **expresse, absolue de la loi**, sous quelque forme qu'elle

pût se produire, ferait perdre au créancier son rang hypothécaire et
le rendrait passible des peines sévères édictées par les articles 4 de la
loi du 3 septembre 1807 et 2 de la loi du 19 septembre 1850 pour les
prêts à **taux usuraires.**

Au surplus, l'inscription ayant pour but d'assigner un rang à la
créance et de lui conserver ce rang, on pourrait, — afin de faire
connaître d'une manière plus claire, plus ostensible, si je puis m'ex-
primer ainsi, le débiteur de la taxe, — désigner ainsi ce nouvel impôt :
**Salaire dû à l'État par le créancier pour la conservation de
sa créance.**

Ainsi se trouverait écartée, en présence d'une sanction pénale aussi
redoutable, et en raison même d'ailleurs, du peu d'importance de
cette taxe, la crainte, souvent manifestée, de voir ce nouvel impôt
mis encore par le créancier à la charge du malheureux débiteur.

Quant à l'objection qu'une partie des capitaux employés aux prêts
hypothécaires pourrait bien, si on les frappait d'un impôt, émigrer et
chercher, dans des entreprises lointaines ou douteuses, des place-
ments plus rémunérateurs, il faut, en vérité, bien peu connaître
l'esprit actuel de nos populations pour croire que cette pensée trouverait accès auprès d'elles.

Ce qu'elles désirent, ce qu'elles veulent avant tout aujourd'hui ?
c'est de pouvoir vérifier, elles-mêmes, la solvabilité de leurs débiteurs ; c'est aussi de ne confier leurs épargnes qu'à des Sociétés ou des
entreprises fonctionnant autour d'elles, ayant déjà fait leurs preuves,
et dont elles peuvent, chaque jour apprécier les mérites, la sûreté,
ou l'avenir.

Quelle quotité assigner maintenant à cet impôt ? Les emprunts
contractés soit par les Sociétés industrielles, soit par les départements,
les communes ou les établissements publics, ayant été frappés, par
l'article 4 de la loi du 26 décembre 1890 d'une taxe, s'élevant à 4 %
sur le montant du revenu de ces emprunts, il me semble qu'il serait

BIBLIOTHÈQUE NATIONALE
R.F.
IMPRIMÉS

possible d'adopter cette base sans s'écarter des règles de la plus grande modération, de la plus stricte impartialité.

Cette taxe ne serait, en effet, que le **prélèvement par l'État du 25me du revenu.**

Or, personne n'ignore l'énormité des impôts qui grèvent la propriété foncière. C'est ainsi que, dans les communes les plus favorisées, les plus riches (et assurément je ne serai contredit par personne), l'impôt de la contribution foncière représente, aujourd'hui, presque la moitié du revenu net de la propriété et, dans les plus pauvres, les plus déshéritées, les plus intéressantes, par conséquent, ce revenu est, à peu près, absorbé soit par l'impôt, soit par les frais de culture, soit par les accidents de toute sorte auxquels cette propriété est constamment soumise.

Pourquoi donc cette absence de tout impôt ? Pourquoi, jusqu'à ce jour, cette faveur inexplicable de la loi au profit des seuls créanciers hypothécaires ? Est-ce parce que le taux de l'intérêt est pour eux de 4, 4 1/2 ou même 5 % ? tandis qu'il n'est que de 3 ou 3 1/2 pour les porteurs des obligations industrielles ?

Je pense, Messieurs les Députés, et je vais m'efforcer du reste de le prouver, qu'il serait possible, tout en observant les règles de l'équité la plus absolue, d'obtenir ainsi pour le trésor un supplément de produit très considérable que j'estime ne pouvoir être inférieur à 35 ou 40 millions.

Voici la base de mes calculs :

Le droit, **à 1 pour mille,** établi sur les inscriptions hypothécaires par l'article 20 de la loi du 21 ventôse an VII s'élève, d'après une statistique administrative officielle (voir Bulletin de statistique et de législation comparée, tome II, année 1898, 1er fascicule, dont copie est ci-jointe), à une moyenne annuelle, pour chacune des années 1895 et 1896, **de deux millions six mille cinq cent trente francs, trente-huit centimes, en principal,** ci............ 2.006,530 38

Soit, en chiffre rond, **2 millions**

Ce droit, ne se renouvelant qu'avec les inscriptions hypothécaires, c'est-à-dire tous les dix ans, ne frappe annuellement, cela est certain, que le dixième des créances inscrites.

Par exemple : un contribuable possède une valeur de 10,000 francs en dix créances de la même somme de mille francs chacune, dont tous les titres ont des dates différentes et qui ont fait l'objet de dix inscriptions prises successivement tous les ans ; si, pour l'assiette de cette taxe, on prenait pour base soit l'année 1898, soit l'année 1899, soit toute autre année, il ne paierait la taxe annuelle que sur 1,000, lorsque, en réalité, il la devrait évidemment sur 10,000.

En d'autres termes, pour avoir la situation hypothécaire active d'un contribuable — et pour déterminer ainsi le chiffre exact de la taxe annuelle qu'il devrait supporter, — ce ne seraient point seulement les obligations qui lui ont été souscrites **pendant une année** qu'il faudrait prendre pour base, mais le total de celles qui ont fait, à son profit, **pendant les dix dernières années,** l'objet d'inscriptions hypothécaires.

J'ajoute que ce qui est vrai pour un individu l'est aussi évidemment pour la masse des contribuables.

Le droit ci-dessus de deux millions, ainsi décuplé, atteindrait donc le chiffre de vingt millions.

Or, cet impôt, de vingt millions, liquidé **à raison de 1 pour mille,** ne représente, par conséquent, que la millième partie du montant des créances inscrites et suppose exactement un capital imposable de **vingt milliards.**

Aux termes de l'article 2, § 3, de la loi du 29 juin 1872, la taxe doit être perçue sur un revenu **calculé au taux de 5 pour cent,** — soit donc, pour un capital de **vingt milliards,** un revenu annuel de **un milliard,** produisant, à 4 pour cent, une taxe annuelle de **quarante millions** .... 40,000,000 susceptible encore d'une **augmentation très considérable** si, — (comme des enquêtes administratives en ont déjà exprimé le vœu, et ainsi d'ailleurs que semble le prescrire aujourd'hui la doctrine et la jurisprudence), — les hypothèques légales, inscrites à peu près toujours autrefois, pour des sommes indéterminées et échappant ainsi à la perception de l'impôt, devaient faire connaître très exactement, à l'avenir, le montant des reprises que la femme peut exercer contre son mari, ou le reliquat du compte de tutelle rendu par le tuteur à son pupille ;

Voir arrêt de la Cour d'appel de Toulouse du 16 mars 1899, confirmé, en partie, par un arrêt de la Cour suprême du 27 juin de la même année.

Cependant, malgré l'exactitude de mes calculs et pour ne pas avoir de mécomptes, je propose encore de réduire cette somme à 35,000,000 soit parce que la taxe, à 4 %, a été déjà perçue sur les obligations du Crédit Foncier, — soit parce que le terme fixé pour le remboursement de la créance ne va pas toujours jusqu'à l'expiration de la période décennale. Il va sans dire, en effet, que le recouvrement de la taxe devrait être immédiatement suspendu sur la production soit d'une quittance en forme, soit d'une main-levée régulière d'inscription.

J'ajoute enfin, Messieurs les Députés, que cet impôt peu onéreux, d'un recouvrement facile, je le répète, aurait, par-dessus tout, un caractère d'équité indiscutable, — parce que, en matière d'inscription hypothécaire, l'Etat n'est point rémunéré en raison des services inappréciables qu'il rend au Crédit public et à la Société ;

Parce que, jusqu'à ce jour, ce sont les malheureux débiteurs qui ont supporté seuls, en conformité du reste des articles 31 de la loi du 22 frimaire an VII et 24 de la loi du 21 ventôse de la même année, tous les frais non seulement de ces inscriptions, mais encore des contrats qui les ont précédés, ou suivis ;

Et enfin et surtout parce qu'il soumettrait à l'impôt la seule classe de citoyens qui en soit **totalement** et **fort injustement** affranchie.

Je termine, Messieurs les Députés, en vous demandant pour tous les motifs que je viens de déduire et en raison de la crise vraiment effrayante que supporte, depuis longtemps déjà, la propriété rurale, d'employer au dégrèvement de cette propriété la totalité de ce nouvel impôt (1).

Veuillez agréer, je vous prie, Monsieur le Président et Messieurs les Députés, l'expression de mes sentiments les plus respectueux.

A. VAISSIÉ,

Conservateur des hypothèques de 1re classe, à la retraite.

---

(1) A l'appui de mon affirmation sur le discrédit dans lequel est tombée la propriété rurale, je citerai un prêt **de soixante-quinze mille francs,** consenti, au commencement de 1883 par le Crédit Foncier à M. Nadal, alors notaire à Valprionde, sur la propriété du Trépadou, contenant près de cent hectares de terres, dont quatre hectares de pré, avec maison de maîtres et vastes bâtiments d'exploitation, situés sur la commune de Valprionde, arrondissement de Cahors.

Le Crédit Foncier ne dépassant jamais, dans la somme prêtée, la moitié de la valeur du gage, on doit croire que cet immeuble fut alors estimé cent cinquante mille francs.

M. Nadal étant tombé en déconfiture, son bien entier fut exproprié en 1896 et adjugé définitivement au Crédit Foncier lui-même moyennant la somme de **douze mille dix francs,** ci............ 12.010

Il est très facile de vérifier, dans les registres de cette Société, l'exactitude de mes chiffres.

En ce qui me concerne, je possède à Larromiguière, canton de Castelnau, même arrondissement de Cahors, une propriété comprenant divers bâtiments d'habitation et d'exploitation avec 63 hectares 59 ares de terres de toute nature et pour laquelle je paie un impôt qui s'élève annuellement à............................ .... 259 fr. 44

Cette propriété a été évaluée dans un partage qui remonte à 25 ans ans environ à...................... .... 72.000 fr.

On m'en offre aujourd'hui. .... 21.000 fr.

En acceptant ce chiffre qui, du reste, ne serait guère dépassé dans une adjudication, elle devrait produire, à raison de 3 o/o, un revenu de... 630 fr.

Mais si l'on tient compte des réparations d'entretien, — de la mortalité des bestiaux, des intempéries, des voyages auxquels la surveillance de cette propriété vous oblige, — .de tous les accidents, — de tous les mécomptes, on n'est pas éloigné de la vérité en fixant ce revenu à........ .... 350 ou 400 fr.

c'est là, au surplus, le résultat de mes comptes particuliers.

Et l'impôt s'élève à.... .... 259 fr. 44

soit, à peu de chose près, aux 3/4 de ce revenu.

Si l'on convertit maintenant cet immeuble en une créance de 21,000 francs,

On obtient, à raison de 5 o/o, un intérêt annuel de.... 1.050 fr.

pour lequel on paierait à l'Etat, si mon projet était du moins accueilli, une taxe annuelle de............................ ...... 42 fr.

qui ne serait que le **vingt-cinquième du revenu.**

Le simple aspect de ces chiffres fait ressortir suffisamment cette énorme inégalité des charges :

D'un côté, en effet, le propriétaire foncier, le cultivateur, l'homme utile par dessus tout, paie, pour un revenu incertain de 350 ou 400 fr., un impôt de .... 259 fr.

Et le créancier, jouissant d'un revenu assuré de 1,050 fr., ne paierait, d'après mon projet, qu'une taxe assurément bien réduite, de. 42 fr.

LETTRE DE M. COSTES

Cahors, le 28 juin 1900.

« Mon cher Monsieur,

« Je vous remercie d'avoir bien voulu me communiquer votre projet d'impôt sur le revenu des créances hypothécaires. Je l'ai lu avec la plus grande attention et je le trouve juste, équitable, surtout essentiellement pratique. Il sera favorablement accueilli par le Parlement, je l'espère. Dans tous les cas cette initiative vous honore et vous acquiert les meilleurs titres à la reconnaissance des humbles et des petits.

« Veuillez agréer, avec toutes mes félicitations, la nouvelle assurance de mes meilleurs sentiments.

« J.-H. COSTES,
Maire de Cahors,
Président de la Chambre des Notaires. »

LETTRE DE M. LASCAZES

Cahors, le 22 juin 1900.

« Monsieur,

« Vous m'avez fait l'honneur de me communiquer votre projet de loi, tendant à frapper le revenu des créances hypothécaires de l'impôt de 4 % édicté par les lois des 29 juin 1872 et 26 décembre 1890.

« Je l'ai lu attentivement et j'y ai trouvé, avec une clarté parfaite, la compétence exceptionnelle que vous a donnée l'exercice, pendant de longues années, et avec beaucoup de distinction, des fonctions de conservateur des hypothèques dans un poste important.

« Tout d'abord, le chiffre de 20 milliards que vous assignez à la dette hypothécaire en France, m'a paru un peu élevé, mais dans une lettre publique du 4 janvier 1884, M. Albert Christophle, alors Gouverneur du Crédit Foncier et ancien ministre, par conséquent bien placé pour puiser ses appréciations aux meilleures sources, évaluait déjà cette dette à 14 ou 15 milliards.

« Depuis, c'est-à-dire pendant une période de seize ans, est-il téméraire d'admettre que la dette hypothécaire a augmenté de cinq à six milliards ? — Je ne le pense pas, et j'estime que vos calculs doivent être, sur ce point, l'expression de la vérité.

« Il va sans dire, comme vous le faites d'ailleurs remarquer vous-même, qu'il y a lieu de déduire de ce total, le montant des prêts hypothécaires consentis par le Crédit Foncier, lesquels sont représentés par des obligations foncières, qui paient déjà l'impôt de 4 % dont vous voulez atteindre les autres créances de même nature.

« Or, d'après les dernières statistiques publiées par l'administration du Crédit Foncier, les prêts hypothécaires s'élèvent à deux milliards environ (exactement un milliard neuf cent cinq millions) resterait donc par suite, comme valeur nominale des créances dont vous voulez atteindre le revenu : dix-huit milliards.

« Si l'on admet, ce qui est encore vrai pour la généralité des cas, que le revenu des créances hypothécaires contractées entre particuliers est de 5 %, l'impôt que vous proposez se trouvera frapper, conformément d'ailleurs au § 2 de l'article 2 de la loi du 29 juin 1872, la somme de neuf cent millions, montant total de ce revenu, et produira par conséquent trente-six millions.

« Vous voyez que ces chiffres puisés à d'autres sources se rapprochent très sensiblement des vôtres, et en sont, par suite, la confirmation.

« Par un sentiment de haute justice, auquel je me plais à rendre hommage, vous demandez que le produit de cet impôt nouveau soit intégralement affecté au dégrèvement de la propriété rurale, si gravement atteinte par la crise véritablement désastreuse qu'elle traverse.

« A tous ces titres, votre proposition ne peut qu'être accueillie favorablement au Parlement, où la protection des humbles et des petits doit être une préoccupation constante, et je forme les vœux les plus sincères pour que sa réussite y soit complète.

« Agréez, je vous prie, Monsieur, avec mes félicitations pour votre heureuse initiative, l'expression nouvelle de mes sentiments les plus distingués.

« R. LASCAZES,
Notaire à Cahors,
Ancien principal clerc à Bordeaux, Secrétaire de la
Chambre des Notaires de l'arrondissement de Cahors. »

EXTRAIT

DU

BULLETIN DE STATISTIQUE ET DE LÉGISLATION
COMPARÉE

———

Moyenne du droit d'inscription, à 1 franc pour mille pour les années 1895 et 1896. — Voir à la Direction Générale de l'Enregistrement des Domaines et du Timbre, le *Bulletin de statistique et de législation comparée*, — 2ᵉ année — tome 2ᵉ — 1ᵉʳ fascicule. — (Page 75. — Année 1898.

DÉSIGNATION DES ANNÉES	PRINCIPAL à 1 fr. pour mille	DÉCIMES à 9 f. 25 pour mille	TOTAUX conformes aux chiffres du Bulletin de statistique et de législation comparée.
Total pour l'année 1895..............	2.008.511 56	502.127 90	2.510.639 46
Total pour l'année 1896..............	2.004.549 21	501.137 32	2.505.686 53
Total pour les deux années.......	4.013.060 77	1.003.265 22	5.016.325 99

Moitié du droit en principal, à 1 franc pour mille, représentant la moyenne annuelle · 2.000.530,28.

Soit, en chiffre rond, 2 millions, conforme à la somme qui figure dans le rapport ci-joint.

www.ingramcontent.com/pod-product-compliance
Lightning Source LLC
Chambersburg PA
CBHW050436210326
41520CB00019B/5960

*9 7 8 2 0 1 1 3 0 6 9 5 1 *